Portret van prinses Beatrix

Hella S. Haasse

Portret van prinses Beatrix

Amsterdam · Antwerpen
Em. Querido's Uitgeverij BV
2013

Eerste druk, 1955; tweede druk, 2013

Omslag Brigitte Slangen
Omslagfoto voor © Spaarnestad Photo/
Hollandse Hoogte
Omslagfoto achter © Annelies Romein/MAI

ISBN 978 90 214 4802 2 / NUR 320
www.querido.nl
www.hellahaasse.nl
www.hellahaassemuseum.nl

Portret van prinses Beatrix

Het maken van een portret, van wie dan ook, vormt een probleem op zichzelf. Je kent een ander nooit volledig, al leef je jaren met hem of haar samen – zowel waardering als kritiek is uiterst subjectief, want wij zien alleen de dingen die binnen de grenzen van onze eigen persoonlijkheid liggen, wij kijken door het nu eens zus, dan weer zo getinte glas van onze stemmingen, en wij komen niet los van bepaalde eigen associaties. Het wezen van een mens is vloeibaar, stromend, het verandert ieder ogenblik. Elke verhouding, van het oppervlakkigste contact tot het diepste samenzijn, is een onophoudelijk zoeken en tasten naar raakpunten, een registreren van vervreemding en herkenning. Wie heeft nooit, met een gevoel van machteloosheid, beseft dat wij zelfs van degenen die ons het naast en het liefst zijn maar een zeer onvolledig beeld hebben? Wie zou tenslotte durven beweren dat hij zichzelf kende?

Een portret maken, dus. De uiterlijke en innerlijke waarnemingen van het eigen ik met betrekking tot een ander mens vastleggen. In dit geval bestaat het materiaal uit woorden, en de ander om wie het gaat is een achttienjarige, een jong meisje op de grens van de volwassenheid. Dat dit meisje Beatrix heet en Kroonprinses der Nederlanden is, schept weer een nieuw, op zichzelf staand probleem, dat alle andere in de schaduw stelt.

Het voorbereidende werk van de schilder spreekt misschien het minst tot de verbeelding. Het formaat van het portret moet vastgesteld worden: miniatuur, kabinet of ten voeten uit op natuurlijke grootte, of in de trant van Egyptische koningsbeelden, op reuzenschaal, om een positie tussen goden en mensen in te suggereren? Er gaat nog iets aan de kwestie van het formaat vooraf, en dat is de samenstelling van het doek waarop geschilderd moet worden. Er is geen keuze. Voor een vorstenportret bestaat er maar één soort linnen. Of je wilt of niet, je kunt niet anders doen dan dit uiterst zware materiaal opspannen.

Neem een bezemsteel, zet er een kroon op, en vraag: wie is dat? De kleinste kinderen weten het: de koning! De kroon is immers voldoende. De koning ís zijn kroon. Door de eeuwen heen zijn de afbeeldingen van koningen gestileerd geweest. Kroon, scepter en houding kenschetsten de vorst, iets anders hoefde, wilde de toeschouwer over hem niet weten. Gelijkenis met de levende mens werd niet als iets noodzakelijks gevoeld, want om die mens ging het niet, maar om zijn vermogen symbool te zijn. Zeg 'prinses' en het woord roept oeroude voorstellingen wakker in de massa, een mengsel van historische en sprookjesfiguren, een visioen van hermelijn en diadeem en gouden koets tegen een rembrandtesk achterdoek van grandioze staatsie, waarin zowel elementen van het 'en zij leefden nog lang en gelukkig' als van verborgen tragiek schuilen. Laat niemand beweren dat deze opvatting uit de tijd is. De onverzadiglijke nieuwsgierigheid van het grote publiek naar inside information betreffende vorstelijke personen is geen bewijs van het tegendeel. We zouden niet zo nieuwsgierig zijn als we niet heimelijk geloofden aan het anders-, aan het 'taboe'-zijn van koningen. Alle gewoon-menselijke bijzonderheden doen die kroon in des te scherper reliëf uitkomen, een met emoties geladen symbool waarover niet redelijk gedacht kan worden. De koning is onschendbaar, noemt zich, met die bekende magische formule, 'koning bij de gratie Gods'. Eenheid is macht, zegt het oude spreekwoord. De koning verpersoonlijkt de eenheid van een volk, is vaak het enige bindende element in een grenzeloze verdeeldheid. Hij is de vorm waarin het broodnodig geachte eenheidsbeginsel zichtbaar wordt. In hem wordt toegejuicht wat op geen andere wijze verwerkelijkt kan worden, het besef van saamhorigheid.

Sommigen menen dat deze projectie niet meer mogelijk zal zijn wanneer je in de koning vooral het menselijke individu gaat zien en dan pas de kroondrager; dat het mens-worden van de koning het einde van het koningschap betekent en de (zij het dan ook kunstmatige) eenheid van een volk ondergraaft; dat, aangezien wij zonder eenheidssymbool maatschappelijk niet leven kunnen, de deur wijd opengezet zou worden voor andere vormen van saamhorigheidsgevoel; om kort te gaan, dat je weet wat je hebt, maar niet wat je krijgt. Zolang de kroon nog zin heeft, zeggen deze stemmen, zijn wij beschermd tegen de chaos van het niet-meer, nog-niet. Leg de nadruk op de man of vrouw die de kroon draagt, leg er de nadruk op dat niets menselijks hem of haar vreemd is en de kroon wordt bijzaak, een rekwisiet, een schertsartikel misschien. Er wordt een mens gewonnen, maar wat gaat er verloren? Of beter gezegd, wat komt er braak te liggen aan tegenstrijdige emoties in de volksgemeenschap?

Ik heb ook andere geluiden gehoord: de koning kán een 'mens' worden, wanneer de last van het moederziel-alleen de saamhorigheid van een heel volk vertegenwoordigen hem van de schouders wordt genomen, dat wil zeggen, wanneer saamhorigheidsbesef een even vanzelfsprekend gevoel zou zijn als eetlust of de behoefte aan slaap, met andere woorden, wanneer wij collectief volwassen geworden zouden zijn.

'Het koningschap moet eenvoudig niet ter discussie gesteld worden, dat is om te beginnen al mis,' aldus de tegenpartij. 'Om maar zo dicht mogelijk bij huis te blijven, Oranje hoort voor ons een onaantastbaar begrip te zijn. Dat betekent dat bepaalde dingen eenvoudig gegeven en andere dingen even vanzelfsprekend uitgesloten zijn. De Kroonprinses willen voorstellen als een meisje-zo-als-de-anderen, dat is een absurditeit. Toegegeven, zij is een levende paradox, maar dat is een zaak met gesloten deuren, daar wordt niet over gepraat. Dat is nu eenmaal de tragiek van het koningschap. Wij hebben niet te maken met wat de Koningin als mens denkt wanneer zij voorbijrijdt in de Gouden Koets. Dát zij voorbijrijdt is hoofdzaak.'

Onlangs las ik in een tijdschriftartikel dat koning Sihanouk van Cambodja bij zijn troonsafstand heeft gevraagd: 'Sta me alsjeblieft toe om uit mijn vergulde kooi te komen.' Het gevolg was dan ook dat toen deze vorst ophield een koning te zijn, hij voor de keus stond verder te leven als een particulier-zonder-meer, of als leider van een politieke partij. Je zou kunnen zeggen dat dergelijke woorden van een koning een aangrijpend accent hebben in een land waar het vijftig jaar geleden nog op straffe des doods verboden was de vorst aan te raken of binnen een bepaalde afstand te naderen, maar dat er in een moderne West-Europese monarchie van een dergelijk isolement geen sprake is. Het lijkt me dat het probleem van het koningschap behoort tot die netelige zaken waar we met een grote boog omheen lopen, die we nog altijd omheinen met traditie en taboe, omdat een zich rekenschap geven van de situatie inhoudt: erkennen dat we er zelf ten nauwste bij betrokken zijn. Wij zijn eigenlijk altijd nog veel meer gebonden aan de nawerking van primitieve voorstellingen dan we willen weten. De schil van de 'beschaving' is uiterst dun. Onder talloze voor ons gevoel hoogst ontwikkelde levensuitingen liggen halfvergeten of verdronken primitieve impulsen op de loer. *Grattez et vous trouverez le barbare.* Maar de echte 'barbaar' was tenminste diep doordrongen van de bindende betekenis van zijn gebruiken. Hij begréép niet, maar het onbegrepene was heilig. Wij staan tussen begrip en onbegrip in. Vele vormen hebben voor ons hun oude zin verloren, maar we gebruiken ze nog, wij spelen over hun leegte heen, zij dienen ons als middel tot heel andere doeleinden. Aan het vinden van een nieuwe zin, nieuwe vormen, zijn we nog niet toe.

Maar we leven toe naar een tijd, waarin wij door de bitterste noodzaak van zelfbehoud gedwongen worden in te zien dat wij als individuen niets meer van ons kunnen afschuiven. Dit inzicht, deze bereidwilligheid tot deelnemen, is ontwikkeling. De koning is van oudsher onder anderen de figuur geweest die met dat *afgeschovene* werd belast en daardoor uit de gemeenschap van 'gewone' mensen gestoten werd. De schroom en eerbied voor de vorst gelden meer die geheimzinnige functie van drager-van-het-afgeschovene dan zijn persoon. Wat maakt het uit dat wij hem gedeeltelijk van schuld en verantwoordelijkheid hebben verlost? Dat is maar weinig in ruil voor wat wij van hem eisen, namelijk eenheidssymbool en voorwerp voor de projectie van een gemeenschappelijk nationaal superego te zijn, degene in wie wij de beheersing, het heersen dat dienen is, de glorie die zelfverloochening betekent, belichaamd willen zien. Nu zijn wij niet zo onredelijk om te verlangen dat deze tour de force in werkelijkheid volbracht wordt. Wij verklaren ons tevreden als de schijn gehandhaafd blijft. De hele kwestie krijgt daardoor het aspect van een gezelschapsspel-in-het-groot: bepaalde waarden, die niemand zich nog helder kan of durft realiseren, worden door fiches en 'opzettertjes' vervangen, in dit geval door formules, vlaggen en ceremonieel, door voorwerpen, gebruiken en instellingen, die erop berekend zijn ons het gevoel van allemaal-meedoen te geven. En zo hevig verlangen wij heimelijk naar die bij uitstek bevredigende gewaarwording van eenheid dat wij een ogenblik, een uur, een dag, leven in een roes van 'samen', door het Wilhelmus te zingen, een oranje strikje te dragen, of de Gouden Koets te zien voorbijgaan. Een spel, dat tijdelijk de spanning opheft en vluchtige voldoening schenkt, al was het maar de voldoening om een vrije dag en een verzetje. Maar zijn wij daarom verlost van de noodzaak om naar een wezenlijkere, *bewustere* vorm van één-zijn te zoeken? De menselijke vrijheid van een vorst groeit en slinkt evenredig met de mate waarin zijn volk als een gemeenschap van individuen tot bewustwording rijp is, dat wil zeggen, met de mate waarin dat volk zijn symbolen herkent, of in staat is die symbolen door geleefde werkelijkheid te vervangen. De lezer zal zeggen dat ik te ver ga. Maar de waarheid is dat ik niet ver genoeg ga.

Het doek waarop dit prinsessenportret moet worden opgezet, is van een omvang die elke lijst – zij het ook verguld – te buiten gaat. Hoe groot of hoe klein ook het stuk is dat gebruikt wordt, altijd blijft de samenstelling van het weefsel dezelfde: de duistere geschiedenis van het koningschap, van de oertijd tot vandaag de dag toe, een lang, bloedig, huiveringwekkend en soms tragikomisch verhaal van gekroonde offers, gekroonde menselijke zondebokken en slachtlammeren, gekroonde ledenpoppen van een handvol machthebbers achter de schermen, gekroonde tirannen, gekroonde slaven van hun volk, gekroonde helden of heiligen, gekroonde organisatoren van formaat, gekroonde primi inter pares, gekroonde handelsreizigers en feestredenaars, gekroonde steunpilaren van vaak vermolmde behoudende elementen. Maar tussen schering en inslag schemert flauw hier en daar een lichtere draad: de koning als gekroonde 'voorman', als belichaming van het nieuwe, menswaardige, waar de gehele gemeenschap bewust naar streeft.

In filmsterren en sporthelden pleegt de massa een ideaal van sex-appeal en schoonheid, van behendigheid en spierkracht te projecteren. Hun reusachtige populariteit groeit razendsnel op uit onbewuste collectieve spanningen. Dictatoren zijn blindelings gehoorzaamd, omdat zij personificaties waren van de machtswil van een aan heimelijke minderwaardigheidsgevoelens lijdend volk. Dat Gandhi een symbool van geweldloosheid, Schweitzer er een van daadwerkelijke naastenliefde kon worden, wijst erop dat er een toenemende waardering van die beginselen moet zijn, en dit veronderstelt een zekere graad van bewustheid. Ik zou mij kunnen voorstellen dat in onze tijd de koning gezien wordt als de belichaming van een algemeen levend streven naar bewustwording. Misschien kan dat, als in de koning het menselijke wezen herkend en aanvaard wordt, de mens die zelf, in het volle besef dat zijn taak die van ieder ander individu is, om klaar inzicht in zijn situatie worstelt. De koning dus: geen God, geen slaaf, geen slachtoffer, geen robot, maar het symbool van ons aller groeiende menselijke bewustheid? Ach, in het vrijwel niet te hanteren doek dat ik opspan zit een oneffenheid waarmee we rekening dienen te houden. Wij kiezen geen koning uit een selecte groep vrijwilligers, wier gaven van hart, ziel en verstand zijn gewogen en van de vereiste zwaarte bevonden. Het koningschap is erfelijk in de mannelijke en meestal ook in de vrouwelijke lijn. Je wordt op de troon geboren, of je wilt of niet.

Het linnen waarop een portret van prinses Beatrix geschilderd moet worden, heeft de kleur en de 'korrel' van deze problematiek. Doen alsof dat doek glad en blanco is, staat gelijk aan verstoppertje spelen met de waarheid. Om een ruimtelijk effect te krijgen, kan er een figuur tegen een achtergrond geplaatst worden. Die is in dit geval niet minder gecompliceerd: de vaderlandse geschiedenis in vogelvlucht, een breed panorama, als een landschap waarin, door de tijd tot monumenten verstard, bepaalde gestalten en gebeurtenissen zich tegen de verte aftekenen, sommige met de scherpe contouren van het nog altijd herkenbaar invloedrijke, andere al door erosie tot onduidelijke vormen geslepen. Dan rijst daar de stamboom van het Huis van Oranje op, de takken en twijgen vergroeid met die van talloze Europese vorstenhuizen en adelsgeslachten, een genealogisch woud. Over dit vergezicht vallen de schaduwen van morgen. Het clair-obscur doet het paleis Soestdijk des te blanker schijnen. Het ligt, in boogvorm, open naar de straatweg, waar het verkeer voorbij raast. Achter die witte evenwichtige gevel is geen eenhcid verborgen. Er is een dood gedeelte, voorvertrekken en ontvangstzalen, puur staatsiedecor, wit en hoog met kristallen luchters en marmeren vazen, en goudgele, kersrode en koningsblauwe tapijten, het spreekwoordelijke 'sprookje', en er is een gedeelte dat lééft, waar boeken en paperassen, sigaretten en een handwerk en talloze gebruiksvoorwerpen van alle dag verspreid liggen in kamers die ingericht schijnen om zo veel mogelijk dierbare persoonlijke bezittingen een plaats te geven, waar honden in en uit lopen, vogels in kooien kwetteren, kledingstukken aan de kapstok hangen, handschoenen en rijzwepen slingeren.

Dit is dus de onmiddellijke achtergrond. Het witte paleis – hoe dualistisch ook – vormt voorlopig nog een enigszins beschermende slagboom tussen dat duizeligmakende vergezicht van Historie en Huis in het licht van de Tijd, en het meisje dat op het bordes staat, een meisje in een witte overhemdblouse en een grijze rok. Zij heeft een rond, nog kinderlijk gezicht, met volle wangen, een gave huid, een kleine goedgevormde mond. Als zij lacht, en dat doet zij vaak, gul en aanstekelijk, zie je vooral de boven-voortanden, die wat groter schijnen dan de rest. Grijsgroenblauwe ogen, waarmee zij guitig en plagerig maar ook zeer koel, doordringend en scherp taxerend kan kijken. Blond golvend kort haar, zoals veel Hollandse meisjes het dragen, en stevige capabel uitziende handen. Zij heeft een rechte houding, daardoor lijkt zij langer dan zij in werkelijkheid is. Ze is tamelijk forsgebouwd, maar beweegt zich soepel en natuurlijk, het resultaat van sportieve training.

Dat is dus met een veeg hier, een streek daar, een schets van een uiterlijk. Een ruwe, onvolledige schets, want wanneer je een ander mens opmerkzaam bekijkt, zie je duizend-en-één dingen die voor de totaalindruk beslissend zijn en die je niet of nauwelijks kunt weergeven, omdat ze onder de huid ontstaan, in de persoonlijkheid, in het heimelijke eigen leven. Dit meisje, dat bereidwillig hoffelijk gastvrouw speelt, is maar een van de vele verschijningsvormen van degene die 'op het plaatje' moet. Anders dan als gastvrouw in verschillende gradaties van vertrouwelijkheid zal zij zich niet aan mij voordoen, dat ligt al bij voorbaat in de aard van dit contact besloten. Het spontane en vanzelfsprekende waarmee zij een onbekende tegemoet treedt is de vrucht van zelfbeheersing, dat is een van de eerste dingen dat opvalt. Zij praat levendig en vlug, draait haar hoofd heen en weer, sluit soms even de ogen, een karakteristieke trek, beweegt met haar handen. Zij neemt vlot de leiding, springt van de hak op de tak zonder dat het gesprek verward wordt. Tijdens dit schijnbaar zomaar praten peilt zij de ander, steekt zij haar voelhorens uit, om de sfeer af te tasten naar elementen die haar vertrouwen kunnen inboezemen. Tegelijkertijd overwint zij al sprekend eigen bevangenheid. Vindt zij aanknopingspunten, dan geeft zij zich plotseling met een minimum aan reserve, en breken behoefte aan contact en aangeboren vermogen om dat contact tot stand te brengen dóór. Zij is erbij betrokken, zij gooit zich erin.

Twee dingen bepalen voorlopig het beeld: dat zij een uitgesproken talent heeft om met mensen om te gaan, niet het minst omdat zij zelf de moed heeft om zich in te zetten, en dan, vooral: dat onder haar houding een duidelijk voelbare spanning schuilt. Die spanning kan zij de ene keer beter in toom houden dan de andere. Een portret van haar zou incompleet zijn, als daarin niet verwerkt werd de manier waarop zij, terwijl zij met beheerste stem in goed gekozen bewoordingen spreekt, nerveus een dunne zwarte armband om haar pols laat draaien, een gewoontegebaar waarvan je niet kunt zeggen dat het meer verraadt dan zijzelf wel weet – want wie met haar praat komt algauw tot de ontdekking dat zij zich zeer goed bewust is van die spanning en van de oorzaken ervan. In die zelfkennis wortelt waarschijnlijk ook haar opvallende rijpheid. Spanning zonder inzicht zou een volstrekt ander beeld opleveren. Hier wordt voortdurend bewust strijd gevoerd, bewust gekozen voor de weg van de meeste weerstand. Een dergelijk karakter pleegt letterlijk tegen de verdrukking in te groeien.

Er zijn jonge mensen die, zelfs in een gezin waar naar harmonie gestreefd wordt, waar het aan liefde en goodwill niet ontbreekt, tot een zekere eenzaamheid veroordeeld schijnen. Misschien is hun absorptievermogen voor menselijke genegenheid en warmte zo groot dat zij veel meer toewijding verlangen dan gegeven kan worden, en ondanks alles een tekort voelen. Dit zal des te meer het geval zijn, wanneer de ouders door hun beroep gedwongen worden veel aandacht aan dingen buitenshuis te besteden, of ten gevolge van andere omstandigheden niet altijd in de 'normale' betekenis van dat woord beschikbaar zijn. Bovendien: de meeste mensen worden pas werkelijk volwassen in de tijd dat hun kinderen opgroeien, en geen kind blijft ooit volkomen ongevoelig voor die veranderingen. Geen kind ook, of het heeft een min of meer sterke binding met een van de ouders, en een neiging tot kritiek en onredelijkheid waar het de ander betreft. Tussen Beatrix en haar vader bestaat een hechte karakterverwantschap, een gelijkgericht-zijn. Hij is altijd haar maatstaf, haar voorbeeld geweest. Met één woord, één blik begrijpen zij elkaar. Zij hebben over mensen en dingen een onmiddellijke stilzwijgende verstandhouding. Al zou je niet kunnen zeggen dat die band in de laatste tijd losser geworden is, toch lijkt het alsof zij bezig is zich van die invloed vrij te maken. Zij beseft zelf dat een te grote geestelijke afhankelijkheid schadelijk zou zijn, dat zij zich zelfstandig moet ontwikkelen. Emotioneel hangt zij nog met heel haar wezen aan haar vader, verstandelijk weet zij een zekere afstand tot hem te nemen, en ontbreekt het haar ook niet aan een kritische instelling, de kritiek die een mens kan hebben ten aanzien van een geliefde ander, kritiek die de loyaliteit niet aantast, maar waardoor je je des te duidelijker van die trouw bewust wordt.

Haar verhouding tot de koningin is veel gecompliceerder. Een zekere spanning tussen moeder en dochter (vooral wanneer die dochter ook het eerste kind is), een wederzijds gevoel van niet te begrijpen en niet begrepen te worden, lijkt haast biologisch bepaald. Daarbij komen dan uiteraard meestal ook verschillen in karakter en opvoeding. In een koninklijke familie liggen deze dingen in wezen niet anders dan bij gewone gezinnen, alleen vormt het voortdurende besef van onder het vergrootglas van de publieke belangstelling te leven en blootgesteld te zijn aan een te positieve of te negatieve waardering van algemeen menselijke eigenschappen en toestanden, een groot probleem. Als die hier en nu aangeduid worden, dan gebeurt dat, omdat je voor een inzicht in de houding van ieder jong mens, al dan niet van koninklijken bloede, aan deze eerste en belangrijkste relatie in het leven, die tot de moeder, niet stilzwijgend kan voorbijgaan.

Beatrix, die tot nu toe geleefd heeft als een lid van een wel uitzonderlijk, maar toch zeker niet hermetisch van de wereld afgesloten gezin, kijkt de dingen en de mensen aan op de wijze die kenmerkend is voor jonge mensen van haar generatie: realistischer, zakelijker en kordater, met meer zekerheid en meer wil tot zelfhandhaving. Het is misschien vooral dit verschil in geaardheid dat in deze moeder-dochterverhouding de doorslag geeft, of misschien zou het beter zijn te zeggen: het verschil in de manier waarop in elk van hen het karakter zich realiseert, in daad en houding wordt omgezet. De koningin heeft een neiging tot beschouwelijkheid, tot een intellectuele aanpak, zij is ook beschroomder en omzichtiger. Beatrix geeft de voorkeur aan het directe, onverbloemde; zij ziet eerlijkheid nog liever bruusk en onverbiddelijk dan 'aangelengd' met tact of diplomatie of een naar haar gevoel overdreven consideratie met andermans gevoelens. Dat laatste impliceert geen behoefte om coûte que coûte te kwetsen, zij kan zelf nogal wat verdragen en verwacht die gehardheid ook bij een ander. De oudere en de jongere die in een dergelijke ambivalente verhouding van naaste-bloedverwantschap en andersgeaard-zijn met elkaar moeten leven, zullen, dat is eenvoudig niet te vermijden, wel eens botsen. Maar wie soortgelijke situaties uit zijn eigen leven kent, weet wel dat de soep nooit zo heet gegeten wordt als zij wordt opgediend. Tussen ouders en kinderen bestaat altijd, buiten alle conflicten om, een instinctieve solidariteit, een fierheid waar het bepaalde eigenschappen en prestaties van elkaar betreft, een diepe, niet te beredeneren aanhankelijkheid. Op den duur zegeviert dat onbewuste gevoel van bij-elkaar-te-horen over meningsverschil en misverstand.

Voor een kind met een heftige kwetsbare natuur, dat contact zoekt, begrip en aandacht verlangt, er behoefte aan heeft de paladijn te zijn van een ander voor wie het genegenheid en bewondering voelt, diens zaak tot de eigen zaak te maken, diens vrienden trouw te zijn, diens tegenstanders te bestrijden, is de jeugd vaak een emotionele doolhof. Het meisje op dit portret heeft haar les geleerd in de omgang met leeftijdgenoten in de meest onbarmhartige school die er bestaat, die van overgave en teleurstelling in de eerste jaren na de oorlog. Zij erkent met grote eerlijkheid dat zij keer op keer bezweken is voor de charme van een persoonlijkheid, dat zij boeiende en tot medeleven dwingende eigenschappen heeft menen te zien in anderen, om later te ontdekken dat het vertrouwen misplaatst was, de solidariteit minder hecht dan zij had verwacht. Zij koestert geen rancune, en zij kan, terugkijkend op bepaalde teleurstellingen, haar eigen houding in een conflict helder analyseren en er kritiek op uitoefenen, maar zij vergeet de dingen niet, daarvoor heeft zij er te hartstochtelijk aan deelgenomen. Zij heeft de mensen leren kennen, zij weet wat er te koop is in de wereld, zoals dat heet, en zij oordeelt nuchter, met een voor haar leeftijd ongewoon inzicht in menselijke reacties en drijfveren, maar die bezonnenheid heeft zij niet cadeau gekregen. Zij vecht kennelijk met felle tegenstrijdige gevoelens, met ergernis en onredelijkheid en niet te beredeneren verzet en onrust. Vonken van dit alles springen van tijd tot tijd tevoorschijn onder de schijnbaar effen heldere oppervlakte van de persoonlijkheid die zij, oprecht strevend naar waardig en wellevend optreden, aan de toeschouwer toont. Zij is een mens met een instinctieve, heel haar wezen in beroering brengende afschuw van verraad, onrecht, gebrek aan loyaliteit. Zij heeft een sterke behoefte om partij te kiezen, te beschermen, te verdedigen. Zij hangt zonder voorbehoud vurig diegenen aan in wie zij bepaalde karaktertrekken die zij hoog aanslaat, op den duur bevestigd ziet. Zij is niet blind voor hun zwakheden en feilen, verre van dat, maar die kunnen haar genegenheid nooit aantasten, wanneer de ander essentiële eigenschappen heeft als volstrekte eerlijkheid, desnoods op het onbarmhartige af, of het vermogen ruiterlijk eigen ongelijk en gebreken te erkennen, of een evenwichtigheid die het gevolg is van ernstig zich rekenschap geven. In de loop van de jaren heeft zij zo geleidelijk eigen maatstaven ontwikkeld. Het zal haar in dit opzicht stellig niet aan leiding van verschillende kanten ontbroken hebben, maar zonder een bewust peilen van de eigen aard en ervaringen was er bij deze achttienjarige nooit, in die mate waarin dit nu het geval is, sprake geweest van een onmiskenbaar individuele contour, een persoonlijk stempel.

Een van de bijkans onmogelijke opgaven van de portrettist is te laten zien hoe in de mens die hij afbeeldt werkstuk en werker verenigd zijn, hoe die mens is: zowel het levende materiaal als de scheppende intelligentie die vormgeeft aan de chaos. Al de stadia van het kind-zijn, en de duizend-en-één gezichten en gedaanten van de puberteit: een gekrioel van mogelijkheden, aanloopjes, levensvatbare kiemen, en dat schuift caleidoscopisch door elkaar, is in onophoudelijke beweging in een jonge mens op de grens van de volwassenheid. Om die werkelijkheid ook maar enigszins te benaderen, zou ik het portret van Beatrix moeten maken in een waterheldere, uiterst gevoelig stromende substantie, die de snelle wisselingen in stemming en uitdrukking, dat voortdurende vormings- en veranderingsproces onder de oppervlakte van haar uiterlijk en gedrag als op een changeant vlies vangt en vasthoudt. En dat dan, uitgespannen over het concrete beeld van een fris gezicht en een stevig jong lichaam, en over de som van andere, minder tastbare dingen zoals lach, stem en gebaar, zou misschien in de verte weergeven wat zij allemaal is: in laag over laag, een speels ongerept kind, één brok drift en samengebalde koppigheid, een jongen met een middeleeuws gevoel voor trouw en eer, een moederlijk meisje, een dol brutaal schoolkind, een levenswijze volwassene, een onhandige nonchalante ‘slungel’, een zonnige bakvis, een hooghartige keiharde kwelgeest, onvatbaar voor wie zij niet mag of niet vertrouwt, een geconcentreerd en liefdevol werkster met klei, steen en hout, een onsentimentele dierenvriendin, een overgevoelig gekweld bewustzijn, een flapuit, een naar warmte hunkerend wezen, een moeilijke leerling, een ‘prinses’ met het je-ne-sais-quoi van eeuwen representatie tot in de vingertoppen, een eenzaam mens. Uit deze en nog oneindig veel meer van dergelijke facetten bestaat dus het materiaal dat zij zelf van dag tot dag hanteren en vormen moet. Zij zal stellig het gevoel hebben dat er in dit opzicht juist van haar wel erg veel wordt geëist. De betrekkelijk onbezorgde en 'gewone' kindertijd die haar ouders haar gegund hebben, is voorbij. Zij weet wat men van haar verwacht. Zij moet een houding bepalen, zowel ten opzichte van dat chaotische zelf-in-wording als van de gecompliceerde taak kroonprinses te zijn in een land als Nederland, dat weldra evenveel zuilen zal tellen als een klassieke tempel, maar zonder het klassieke effect van evenwicht.

Het portret heeft nu een dimensie méér nodig. Ik zou waarneembaar willen maken hoe zij haar probleem tegemoet treedt met moed en werkelijkheidszin. Dat is een vrij zeldzame combinatie. Hier is iemand die haar omstandigheden helder ziet zoals ze zijn, zonder illusies, zonder poging tot zelfbedrog, zonder te vluchten in mystieke interpretaties *van* of een vaag-idealistische visie *op* dat wat zij krachtens haar geboorte in deze dynastie is en zijn zal. Ontdaan van de franje van een speciale uitverkorenheid, met de daaraan inherente zelfoverschatting of het gevoel een soort sacraal offer te zijn, is het koningschap een zwaar, eentonig en weinig aantrekkelijk ambt, waarin persoonlijke gaven op velerlei gebied niet tot hun recht kunnen komen, het eigen initiatief aan banden wordt gelegd, het gevoels- en gezinsleven onder zware druk staan. Dit bij vol bewustzijn te aanvaarden, en bereid te zijn de functie zo bevredigend mogelijk te vervullen, eist moed. En er is ook dapperheid voor nodig om er rond voor uit te komen dat je daarnaast een zeker recht op een eigen leven, op persoonlijke ontplooiing, niet zal prijsgeven, dat je van plan bent ergens een streep te trekken.

Deze compositie bevredigt niet. Aan de directe achtergrond, het paleis Soestdijk, ontbreken leven en beweging, de aanwezigheid van anderen. Er is op die manier te weinig relatie tussen de meisjesgestalte en de witte façade. De muren zouden transparant moeten zijn, zodat de toeschouwer in de daarachter gelegen kamers van de woonvleugel kon kijken als in het inwendige van een bijenkorf. Misschien zijn de aan elkaar grenzende werkkamers van de beide ouders, die ook dienst doen als verzamelplaatsen van het gezin, op dit ogenblik leeg, en valt het daglicht door de derde wand van louter glas die uitzicht geeft op het terras en de glooiende grasvelden, de vijver en de bomenkrans in het park, alleen op de boeken en de familiefoto's en de verzameling olifanten in elk denkbaar materiaal in de kamer van de prins, en op de kindertekeningen, de souvenirs en het glas-in-loodruitje van Willem de Zwijger in de kamer van de koningin. Het kan zijn dat er een paar honden uitgestrekt liggen op de blauwe loper in de gang. Misschien zit de jongste prinses piano te studeren in de grote speelkamer, doet Irene balletoefeningen in de turnzaal, is Margriet, een meisje met een ernstig gezicht en kort glad, door een bandje samengehouden haar, in rijbroek op weg naar de stallen. Figuren bewegen zich door de gangen en over de trappen, een secretaris of secretaresse, een gouvernante, er komt een lakei uit de deur met een theeservies op een blad, in een hoek van de gang langs de slaapkamers staat een huisknecht vele paren schoenen te poetsen. In het paleis grenzen alle kamers aan elkaar, zij zijn te gemakkelijk voor iedereen bereikbaar. De mensen die hier wonen kunnen zich niet of nauwelijks afzonderen. Hun 'privé' is voor een groot deel schijn, al *lijkt* Soestdijk tenminste op een gewone villa, al ontbreekt de kwellende atmosfeer van tentoongesteld-zijn die de reeksen staatsievertrekken van traditionele paleizen zoals Versailles kenmerkt.

Er zijn twee plekken waar Beatrix 'op zichzelf' is: haar zit-slaapkamer op de eerste verdieping aan de voorkant van het paleis, en het kamertje naast de turnzaal, waar zij boetseert. Die kamer boven lijkt op het eerste gezicht een benijdenswaardig verblijf, het is er hoog en licht. Wit en rood zijn de overheersende tinten, niet door haarzelf zo gekozen, maar bij voorbaat bepaald door de aanwezigheid van een nog te goed bruikbaar vast tapijt uit een vroegere periode, dat rood is, met kleinere lichtere motieven erin geweven. Er staat een divanbed tegen de muur, en voor de haard een lange lage tafel en bank en stoelen met gebloemd overtrek. De schoorsteenmantel is overladen met dierfiguurtjes in hout, steen, glas, stro en stof, kennelijk een verzameling die jaren geleden door een klein meisje is opgezet, min of meer in navolging van vaders olifantencollectie beneden. Zelfgemaakte poppen zitten op de radio. Maar het zijn vooral de vogels die een eigen sfeer aan de kamer geven: de zwarte beo, die in zijn kooi op en neer wipt en met kelige stem geluiden uitstoot die bedrieglijk veel op mensenpraat lijken, lacht, fluit en met zijn snavel langs de tralies schuurt en, dichter bij de ramen, de goudbuikjes.

Het verzorgen en observeren van de vogels speelt een grote rol in Beatrix' leven. Haar dierenliefde is actief en persoonlijk, niet een vaag sentiment van vertedering en medelijden en bewondering, maar een onmiddellijk verantwoordelijkheids- en solidariteitsgevoel betreffende haar eigen dieren, de honden, paarden en vogels, waar zij dagelijks mee te maken heeft, die zij kent en begrijpt, die haar vrienden zijn. Zij zou niet van een dier kunnen houden dat een allemansvriend was, of tot geen enkele vorm van aanhankelijkheid in staat, of dat niet in een persoonlijke verhouding tot haar stond.

Toch drukt die wit-en-rode kamer haar minder uit dan je zou denken. Zij zegt onomwonden dat ze er bezwaren tegen heeft. Het plafond vindt zij te hoog, dat hindert haar, geeft haar een gevoel van te veel onzekere ruimte; ze zou het wel naar beneden willen halen. En dan zijn er drie deuren in de kamer, drie invalspoorten, waardoor mensen en dingen van buiten kunnen binnendringen. Dat gebrek aan beslotenheid betekent voor haar onrust. Zij heeft een groeiende behoefte aan een toevluchtsoord, een plek waar geen inbreuk op haar intimiteit zal worden gemaakt. Zij bekent moeite te hebben met werken op haar eigen kamer, zij kan zich daar niet goed concentreren, is er te toegankelijk, te veel blootgesteld. Als kind zal zij minder te lijden hebben gehad onder dergelijke gevoelens, maar nu zij ouder wordt, en in dienst van land en volk haar persoon aan de buitenwereld moet gaan uitleveren, begint dit gevecht dat nooit meer eindigen zal, om een rantsoen vrijheid, een adempauze zo nu en dan. Zij zoekt en vindt die in het paleis alleen nog in de kamer van haar vriendin en vertrouwde, Renée Röell, een van de belangrijkste figuren-op-de-achtergrond van dit portret, de ernstige evenwichtige huisgenoot van haar eigen leeftijd, over wie zij met respect en genegenheid spreekt. Dit is een van de mensen aan wie zij zich bewust verbonden heeft, bij wie zij zich veilig voelt.

Meer dan haar eigen kamer is het werkhokje dat zij haar atelier noemt, een eigen domein. Het ligt in een uithoek en de deur kan op slot. Materiaal en gereedschap zijn ordelijk gerangschikt in laden, het werkstuk van het ogenblik staat op de tafel: een paard, al voor een derde 'los' uit het steen. Voor het eerst maakt zij hier een figuur door werkelijk houwen en beitelen. Het werken met klei bevredigt haar echter meer. Er staan een paar plastieken uit een voorbije periode uitgestald, in hoofdzaak dierenfiguren, paard, hert, giraffe, leeuw. Zij heeft nooit de geijkte anatomische studies gemaakt. Wat zij weet van de bouw, de ligging van spieren onder de huid, van houding en karakteristiek, weet zij uit eigen jarenlange waarneming. Het resultaat van die blik, die omgang, zegt meer over haar liefde voor dieren dan woorden zouden kunnen doen.

Haar plastieken hebben iets dat misschien nog het best met het Duitse woord *derb* kan worden aangeduid. Zij zijn stevig; zonder karikaturaal te worden hebben ze meestal ergens een zwaarte-tendens. Haar mensen en dierenfiguren staan met een breed ondervlak op de aarde, met zware knoestige poten of hoeven; bij het beeldje van het lezende meisje vallen rok en stoel samen tot een brede basis. Het totaaleffect is dat van een zoeken naar een zo groot mogelijk raakvlak met de begane grond. Dit is toch waarschijnlijk niet louter en alleen uit technische overwegingen zo gedaan. Daarin moet zich iets uiten van haar eigen aard, van haar voorkeur voor en verlangen naar contact met de werkelijkheid. Zij zoekt naar houvast, en maakt dat zelf, desnoods ten koste van de esthetica. Hoofdzaak is dat het staat, stevig staat.

In een hoek hangt een tros maskers, eenzelfde grondvorm door vier, vijf verschillende bewerkingen met kleuren en pruiken telkens weer tot een andere expressieve tronie omgetoverd. Zij hanteert de maskers met zichtbaar genoegen, ze vindt het jammer dat zij geen tijd meer heeft voor toneelspelen, voor dat bevrijdend kruipen in de huid van een fantastisch personage, een draak, een heks, een sprookjesdier.

Ook de uren die zij in dit kamertje doorbrengt staan in het teken van een vriendschap, namelijk met de beeldhouwster die haar lesgeeft, een contact dat uitgaat boven de verhouding leerling-lerares. Dat samen werken en praten in die kleine besloten ruimte, met *binnen* een sfeer van ontspanning, *buiten* achter het raam het kalme groene park, betekent een regelmatig terugkerend rustpunt in een leven waar steeds meer beslag op wordt gelegd. Op het portret van Beatrix moet dat atelier-in-zakformaat helder belicht tevoorschijn springen uit de lange kamerreeks van de woonvleugel. Er is een directe relatie tussen haar en die plek waar zij zich kan uiten in creativiteit, waar zij een deel van de spanningen die in haar zijn kan omzetten in vormen, waar zij haar bewuste fantasie en dat wat uit het onderbewuste opwelt onder haar eigen handen gestalte ziet krijgen. Lucide erkent zij de waarde van die bezigheden: sport en scheppend werk bieden gelegenheid om stoom te laten ontsnappen, en dus geestelijk in evenwicht te blijven. Zij heeft uitlaatkleppen nodig, zal die misschien in de toekomst nog meer nodig hebben.

De school is op het portret niet te zien, al is de invloed ervan duidelijk merkbaar. Méér dan de vakken, waar zij zich over het algemeen plichtmatig doorheen werkt, méér dan die rijstebrijberg van stof die haar eigenlijk niet interesseert, spreken tot haar de persoonlijkheden van leraren en leraressen en van de meisjes in haar klas. Van al die jaren op de Werkplaats van Kees Boeke en op de later opgerichte dependance van Het Baarnsch Lyceum, het Incrementum, zijn vooral de contacten met andere kinderen, de avonturen en streken en grappen, het *samen* dingen doen, in haar herinnering blijven hangen, en ik geloof dat zij zich in dat opzicht niet van leeftijdgenoten onderscheidt. Zij geeft zelf toe dat zij, in hoofdzaak in het begin van haar schooltijd, niet veel geleerd heeft, omdat zij snel afgeleid en vaak te onrustig was, en omdat er eigenlijk weinig dwang op haar werd uitgeoefend. Zij heeft op een ogenblik ingezien dat zij *zichzelf* dwingen moet. Ze werkt nu heel hard voor haar eindexamen. Zij heeft een zwaar jaar voor de boeg. Ze ziet ertegen op, maar erkent de noodzaak van het 'blokken' om erdóór te komen. Het dagelijkse samenzijn met een goed op elkaar afgestemde groep meisjes vergoedt veel. Dit is al een overgang naar de studietijd in Leiden. Voorgoed voorbij het spijbelen om in Bilthoven door de dorpsstraten te fietsen, het twaalfuurtje eten in een zelfgebouwde takkenhut in het bos, voorgoed voorbij de kinderlijke drama's van onderlinge rivaliteit, van voorkeur en tegenzin, het snoepen en dromen en de leraren 'pesten', het leven bij de dag zonder een gedachte aan morgen, of het moest zijn in de tijd van proefwerk of schoolfeest. Zij leeft gericht op haar studiejaren, al verkeert zij niet in de illusie dat die studie voor haar dezelfde betekenis zal hebben als voor de gemiddelde student. Zij heeft sociologie gekozen, omdat dit een vak van de toekomst is dat haar interesseert, en omdat het haar in verband met haar eigen omstandigheden nuttig lijkt. Zij meent dat een vorst met een in dit opzicht geschoolde blik, bij werk- en officiële bezoeken aan binnen- en buitenland de verschillende situaties sneller zal doorzien en in het getoonde beter het wezenlijke, belangrijke zal herkennen. Specialisatie, een graad halen, heeft voor haar weinig zin, zij wil ook op ander gebied haar licht opsteken, zich laten adviseren over wat voor haar later van belang zal zijn en dan zo veel mogelijk ook in die vakken college lopen. Tenslotte zou zij, tussen de bedrijven door, Spaans willen leren. Zij hoopt nog eens een reis naar Zuid-Amerika te kunnen maken; vooral Mexico trekt haar. Daar is haar vader ook geweest, wat hem boeit hoort nu nog als vanzelfsprekend tot haar gedachtewereld.

Maar eerst het eindexamen. Het meisje op het portret leeft in de sfeer van veel huiswerk. Zij weet dat zij móét, en dit besef betekent – dat is karakteristiek – na aanvankelijk verzet een mobilisatie van haar hele 'ik'. Zij aanvaardt redelijk de pressie die er nu op haar wordt uitgeoefend, het gaat hier niet om discipline die een gebrek aan eigen wil of doorzettingsvermogen moet vervangen, maar om discipline die een bestaande neiging tot het nakomen van als vanzelfsprekend beschouwde verplichtingen ondersteunt. Zij zegt zo nu en dan een zet in de goede richting nodig te hebben, zij wil graag van tijd tot tijd aan haar eigen maatstaf herinnerd worden, kan kritiek verdragen die in de roos treft, en een verdiende uitbrander 'nemen'. Als zij ongelijk heeft, weet ze dit verduiveld goed, na uitbarstingen van woede en koppigheid komt zij dan over de brug en betuigt haar spijt. Deze eigenschap waardeert zij ook hogelijk in anderen, misschien omdat zij beter dan wie ook weet wat het kost. Een van de redenen waarom zij respect heeft voor haar grootmoeder, prinses Wilhelmina, is deze: dat die oude beheerste, fiere vrouw de zelfoverwinning kan opbrengen om zo nodig ongelijk te bekennen en 'het goed te komen maken'.

Het innerlijk vormt het uiterlijk. Wie een portret schildert van Beatrix, leert terwijl hij doende is begrijpen waarom haar molligheid niet week is, waarom haar lach niet een overwegend goedige of joviale indruk maakt. Er is een duidelijk waarneembare gespannen stevigheid, een goed harde kern in dit meisje van achttien. Daarom ook kan dit portret een scherpere instelling verdragen. Het hoeft niet gedaan te worden in verdoezelende romantische pasteltinten, in zoet roze en wazig blauw. Er mogen bruuske lijnen en zo op het eerste gezicht niet met elkaar harmoniërende kleurvakken in voorkomen. Zij zou geen levend mens, geen uitgesproken persoonlijkheid zijn, als zij niet boordevol tegenstrijdigheden zat. Niemand die even met haar gepraat heeft, zal twijfelen aan haar genegenheid voor haar jongere zusters, maar tegelijkertijd kan zij scherp en streng, als een niet bij de zaak betrokken buitenstaander, het verwend zijn van de een, het al te gemakkelijk zich ergens vanaf maken van de ander constateren. Sprekend over de bij bepaalde gelegenheden merkbare massale aanhankelijkheid en belangstelling ten aanzien van het Huis van Oranje, zegt zij nuchter: 'Ik begrijp niet wat de mensen in ons zien.' Maar aan de andere kant verklaart zij nadrukkelijk dat ze zich bij officiële gebeurtenissen, wanneer zij 'in functie' is, heel duidelijk een ander voelt, niet meer zichzelf maar meer dan zichzelf, dat zij anders loopt, anders doet, en als het ware groeit in wat zij op dat ogenblik vertegenwoordigen moet. Zonder het zelf te begrijpen *is* zij dan wat men in haar wil zien. Zij bekent dat ze haar toekomstige beroep moeilijk en zwaar en niet bijster aantrekkelijk vindt, maar dat verhindert haar niet om zich met flair en kennelijk genoegen door ontvangsten en tewaterlatingen en eerstesteenleggingen heen te slaan. Zij houdt er niet van tentoongesteld te worden, maar zij kan en durft zichzelf te vertonen. Haar opgewektheid en humor wortelen in het vermogen eigen tegenslagen, teleurstellingen en conflicten objectief te bekijken. In haar openbaart zich iets van het scepticisme dat in vele jonge mensen leeft, zij staat vrij nuchter tegenover allerlei uitingen van idealisme, tegenover streven naar een met hoofdletters geschreven vaag Doel. Zij heeft meer aandacht voor de praktijk, voor dingen die binnen niet al te onafzienbare tijd verwerkelijkt kunnen worden. Toch sluit zij zich van ganser harte aan bij de woorden die haar moeder in de toespraak tot de jeugd in de Pieterskerk te Leiden heeft gesproken, over de noodzaak van een plan tot hulpverlening aan de minder ontwikkelde gebieden. Zij praat met een zeker aplomb over de onmogelijkheid van verbetering-over-de-hele-linie in een verdeelde en chaotische wereld, maar zij is óók degene die wekenlang uit eigen beweging na schooltijd de vaat kwam wassen in een leraarsgezin waarvan de vrouw des huizes ziek was. Zij is zowel kind als volwassene, voelt hevig en denkt nuchter, zal vechten voor een 'eigen' leven, maar, afgaande op de normen die zij zichzelf gesteld heeft, geen grein tekortdoen aan wat zij als haar plicht beschouwt. Zij straalt warmte uit, maar kan ook een humeur hebben om bang van te worden. Zij...

Maar wat weet ik eigenlijk van haar? Ik heb een aantal indrukken opgedaan en die zo goed en zo kwaad als het ging vastgelegd op een doek en tegen een achtergrond die al gegeven waren. Dit is het portret van de Beatrix, die ik een paar maal heb ontmoet. Zij heeft ongetwijfeld veel meer gezichten, maar die ken ik niet. Sommige dingen heb ik met opzet weggelaten. Ik had haar kunnen draperen met een keuze uit de talloze anekdoten die er over haar in omloop zijn, haar een krans van rake opmerkingen en guitenstreken kunnen opzetten, het schilderij ter verlevendiging kunnen stofferen met mensen uit haar omgeving en geliefde huisdieren. Ik had dat waarschijnlijk ook wel gedaan wanneer zij mij niet zo bij uitstek was verschenen als iemand die zonder ornament in een lijst kan staan, als iemand die het alléén tegen die uiterst gecompliceerde achtergrond kan uithouden.

Beatrix is bereid in een veranderende wereld, een veranderende maatschappij de veeleisende taak van koningin te vervullen, wanneer het haar beurt zal zijn. Dat zij die toekomst tegemoet gaat met nuchterheid, met een onsentimentele realistische kijk op de dingen, en een voor haar leeftijd rijp inzicht in menselijke verhoudingen in het algemeen, lijkt mij een bewijs van opvallende geschiktheid. Zij zal de franje en de versiering aanvaarden, maar doorzien. Zij is van nature het tegendeel van gemakzuchtig en heeft verantwoordelijkheidsgevoel, zij houdt zichzelf niet voor de gek en zal zich evenmin door anderen voor de gek laten houden. Zij is gul en hartelijk en hulpvaardig, maar wantrouwend en onbarmhartig zodra zij vleierij of baatzucht vermoedt, of reden heeft om aan te nemen dat iemand achter haar rug om anders praat en doet dan in haar gezicht. Zij heeft een voor een koningskind vrijwel unieke opvoeding gehad. Ze kent nu, bewust, de twee kanten van de medaille. Die opvoeding heeft stellig geleid tot grotere zelfstandigheid, met de daaraan verbonden neiging zich een eigen mening te vormen, die onomwonden uit te spreken en ernaar te handelen. Maar ook de mogelijkheden tot botsen zijn groter geworden. Moet zij veranderen, zich ten koste van veel pijn aanpassen aan de gangbare opvatting van het koningschap, of zal het koningschap veranderen in háár tijd?

Er is alle reden om haar verdere ontwikkeling en groei met aandacht te volgen. Zij hoort, naar instelling en houding, typisch tot de generatie die nu aan bod komt: een generatie van kinderen die in de ogen van de ouderen hun leeftijd soms tien jaar vooruit schijnen, die weinig voelen voor dromerijen en abstracties, wars zijn van frasen en 'gezwijmel', ondanks hun experimenteren met vrij gedrag en vrije opvattingen er eigen normen op na houden, vaak zuiverder en eerlijker dan de moraal die in de maatschappij geldt; een generatie met een vooral praktische belangstelling en een behoefte aan vereenvoudiging, een generatie tenslotte die zich geen knollen voor citroenen laat verkopen.

16 december 1955: prinses Beatrix in gesprek met Hella S. Haasse op Paleis Soestdijk, waar het eerste exemplaar van het boek *Beatrix 18 jaar* aan de kroonprinses werd overhandigd.
FOTO: Spaarnestad Photo/ Hollandse Hoogte

Nawoord

Kroonprinses Beatrix werd op 31 januari 1956 achttien jaar, dus staatsrechtelijk meerderjarig. Vlak daarna zou zij als 'vermoedelijke erfgenaam van de Kroon' geïnstalleerd worden als lid van de Raad van State, het hoogste adviescollege van de regering, en in de openbaarheid treden.

Ter gelegenheid van haar verjaardag verscheen aan de vooravond daarvan, in december 1955, het boek *Beatrix 18 jaar.*

Aan de jonge schrijfster Hella S. Haasse was gevraagd een portret van de prinses te schrijven. Zij had op dat moment al naam gemaakt met de romans *Oeroeg*, *Het woud der verwachting*, *De verborgen bron* en *De scharlaken stad*, en het autobiografische *Zelfportret als legkaart.* Voor die te schrijven schets voerde Hella S. Haasse een aantal gesprekken met prinses Beatrix. En daarmee was het eerste contact gelegd.

Vanaf die tijd onderhielden Beatrix en Haasse een goede band met elkaar. Er was respect, vertrouwen en een grote waardering voor elkaars werk. Zo nodigde Beatrix haar en haar man Jan van Lelyveld uit voor de culturele ontmoetingen op kasteel Drakensteyn: ontmoetingen met kunstenaars en intellectuelen, die ze samen met prins Claus organiseerde toen ze nog geen koningin was.

Hun gesprekken hadden opnieuw een publiekelijk doel, toen koningin Beatrix in 1988 vijftig jaar werd en Hella S. Haasse een twee uur durend televisie-interview met haar maakte. Ook daarvoor sprak ze diverse keren uitgebreid met de vorstin en formeerde ze het geheel tot een rijkgeschakeerd portret. Opnieuw liet ze Beatrix in al haar aspecten zien: als professioneel staatshoofd, als vrouw, als moeder, als beeldhouwster.

Koningin Beatrix onderscheidde Hella S. Haasse in 1992 met de Eremedaille voor Kunst en Wetenschap in de Huisorde van Oranje: een particuliere onderscheiding voor mensen die zich verdienstelijk hebben gemaakt ten aanzien van de koningin of het Koninklijk Huis. Het werd gevierd met een diner voor een klein gezelschap van familie en vrienden in Paleis Huis ten Bosch. 'Die eremedaille heb ik graag aanvaard uit sympathic voor de koningin,' stelde de schrijfster.

Toen op 17 november 2004 koningin Beatrix op Paleis Noordeinde vervolgens de Prijs der Nederlandse Letteren uitreikte aan Hella S. Haasse, sprak ze haar waardering uit voor haar oeuvre: 'Al vroeg heb ik kennisgemaakt met uw historische romans en ervaren hoe knap u de sfeer van de tijd weet op te roepen. Dat heb ik in het bijzonder gevoeld in *De tuinen van Bomarzo*. Ik ben later met mijn man en zoons in die tuinen geweest; daar voelde ik dat u onzichtbaar met ons meeliep en op die speciale Hella Haasse-manier ons betrok bij het mysterie van deze unieke schepping.'

In diezelfde toespraak refereerde koningin Beatrix ook aan hun eerste gesprekken van zo lang geleden, toen zij achttien werd en Haasse haar 'welwillend' had beschreven, 'met begrip voor de misschien wel lastige tiener die ik was'. Beatrix vertrouwde haar daarbij toe: 'Dat was voor mij een spannende ervaring, omdat ik daarmee – zij het via de pen van een ander – in de publiciteit zou treden. Maar het waren bijzonder prettige contacten, waarin u mijn vertrouwen wist te winnen.'

Dat *Portret van prinses Beatrix* is in deze nieuwe uitgave voor het eerst sinds meer dan een halve eeuw weer te lezen – tegelijk tijdloos geworden nu koningin Beatrix weer prinses is.

Patricia de Groot
Redacteur uitgeverij Querido

AKO

Centraal Station (noord)
Amsterdam
088-1338006
www.ako.nl

** VERKOOP **

haasse; portret van prinses be 5,
9021448022

Totaal 1 artikel	EUR	5,
Euro		5,

		Exclusief	BTW
1	6,00%	5,61	0,34

Kassier: 737346
AKO klantenservice: 020-5721666
Email: akoklantenservice@ako.audax.nl

Ruilen binnen 8 dagen met bon.
Tijdschriften, kranten, cadeaubonnen
en evouchers kunnen niet worden geruild

Bedankt voor uw aankoop en tot ziens!

Locatie	Kassa	Bon	Datum	Tijd
31/01/40	7114-02	00085562	11-05-2013	11:4

Verantwoording

De tekst verscheen voor het eerst in het boek *Beatrix 18 jaar*, uitgegeven in 1955 door De Bezige Bij, Amsterdam. Met bijdragen van Hella S. Haasse, dra. M.G. Schenk, prof. dr. P.J. Bouman, prof. mr. A.M. Donner en prof. dr. L.J. Rogier.

Het verouderde gebruik van 'men' is in de tekst vervangen door het modernere 'je' – een wijziging waar Hella S. Haasse het mee eens kon zijn. In haar romans die zijn uitgegeven in het Verzameld werk heeft zij die wijziging ook steeds goed gevonden.

Een andere modernisering betreft het aanbrengen van witregels en paragrafen. Oorspronkelijk is het één doorlopend geheel, met slechts weinig nieuwe alinea's – de lezer van nu krijgt wat lucht in de tekst.

MIX
Papier van verantwoorde herkomst
FSC® C004472

Uitgeverij Querido stelt alles in het werk om op milieuvriendelijke en duurzame wijze met natuurlijke bronnen om te gaan. Bij de productie van dit boek is gebruikgemaakt van papier dat het keurmerk van de Forest Stewardship Council (FSC) mag dragen. Bij dit papier is het zeker dat de productie niet tot bosvernietiging heeft geleid.